Bleibe immer neugierig.

ISBN: 978-3-947738-86-1

© 2021 Kampenwand Verlag

Raiffeisenstr. 4 · D-83377 Vachendorf

www.kampenwand-verlag.de

1. Auflage 2021

Versand & Vertrieb durch Nova MD GmbH

www.novamd.de · bestellung@novamd.de · +49 (0) 861 166 17 27

Printed in Czech Republic

FINIDR, s.r.o. · Lípová 1965 · 737 01 Český Těšín

DIE GESCHICHTE VON DER

# KLEINEN
# LÖFFELEi

Annika Kirner & Ninja Bender

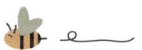

Der kleine Bär hatte den ganzen Tag nur Milch
getrunken. Milch, Milch und immer wieder Milch,
denn Milch mochte der kleine Bär sehr.
Aber hungrig war er danach immer noch.

hmmmmmm

bssssssss

"warum probierst du nicht auch einmal eine Möhre?", fragte ihn der Hase, der vorbeilief und den hungrigen Bären sah. Denn Möhren mochte der Hase sehr.

MÖHRE

"Eine Möhre?", fragte der kleine Bär
neugierig. Möhren hatte er noch nie
gegessen.

Da nahm der Hase ihn mit zum Möhrenfeld.

Der kleine Bär probierte eine der Möhren.
Die Möhre schmeckte ganz anders als die Milch.
Aber der Geschmack gefiel dem kleinen Bären.

ham ...nam ...nam

TOM A T E N

"warum probierst du nicht auch einmal
eine Tomate?", fragte die Schnecke
den kleinen Bären. Denn Tomaten waren
die Leibspeise der kleinen Schnecke.

und die Schnecke schlich ganz langsam mit
dem kleinen Bären zu den Tomatensträuchern.

schhhhuuub

Der kleine Bär pflückte eine
der roten Kugeln vom Strauch.
Die Tomate war ganz weich und
saftig. Hmmmm.

omnom ...nom

GETREIDE

Pick ... Pick

"warum probierst du nicht auch einmal von dem leckeren Getreide?", fragte der Vogel, der fleißig Körner pickte.

Und er zeigte dem kleinen Bären das große Getreidefeld.

Der kleine Bär probierte die Körner.
Das Getreide war zuerst hart und
dann mehlig. Aber der kleine Bär
steckte ein paar Körner als vorrat
in seine Hosentasche.

"warum probierst du nicht auch einen Apfel?", fragte die kleine Maus. Sie mochte Äpfel am liebsten.

A P F E L

Und die Maus zeigte dem kleinen Bären den alten Apfelbaum.

knuspel

Der kleine Bär probierte.
Der Apfel schmeckte viel
süßer als alles, was er
vorher gegessen hatte.

Schnell war es Abend geworden.
Aus den Getreidekörnern kochte
der kleine Bär einen großen Topf
Abendbrei für seine Freunde.

bsssss

Das war eine große Löffelei, bis alle Schälchen
leer waren. Die Tiere konnten gar nicht genug
bekommen, so lecker schmeckte ihnen der Brei.
Und gemeinsam schmeckte er noch viel besser.

Der kleine Bär war jetzt nicht
mehr hungrig. Er war sehr, sehr
satt und müde.
Und morgen, da wollte er wieder
etwas ganz Neues probieren.

Denn es gab noch so viel zu entdecken ...

M Ö H R E

T O M A T E N

G E T R E I D E

Blatt

A P F E L

M E L O N E

B A N A N E

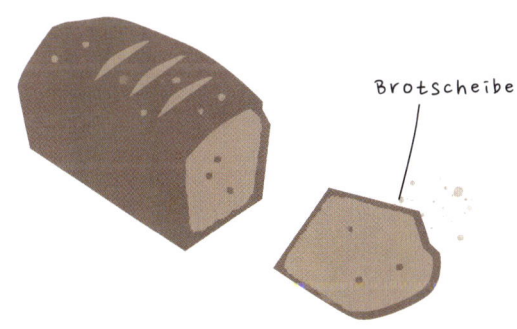

Brotscheibe

B R O T

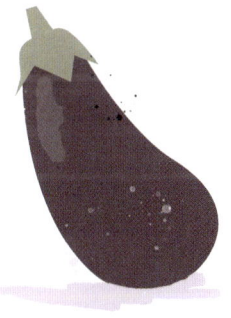

A U B E R G I N E

Z I T R O N E

Stiel

K Ü R B I S

Löffel

Schälchen

B R E I

Glas

M I L C H

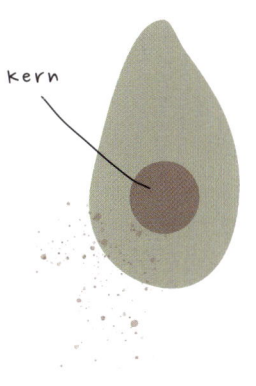

kern

A V O C A D O

B R O K K O L I

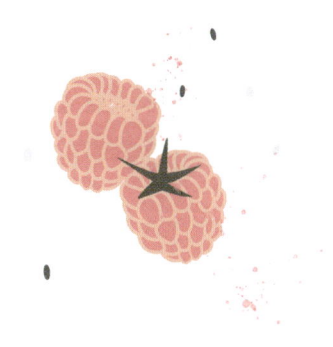

B E E R E N

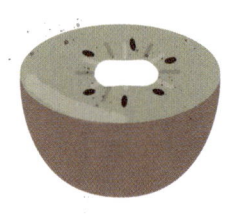

K I W I

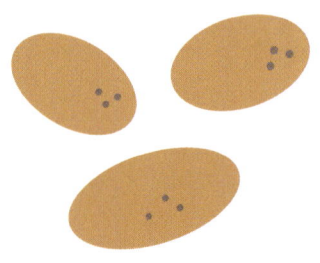

K A R T O F F E L N

wassertropfen

W A S S E R

## ANNIKA KIRNER

wohnt mit ihrem Mann und ihrem Sohn in Düsseldorf. Sie ist Dipl. Designerin und Dozentin. Seit über 10 Jahren arbeitet sie als Artdirektorin für große Kunden und Agenturen. Nebenher unterrichtet sie an verschiedenen Hochschulen. Schon als Kind hatte sie Spaß daran, Bücher zu schreiben und zu illustrieren, aber irgendwann hatte sie diesen Kindheitstraum einfach vergessen. Nach ihrem ersten Buch "Die kleine Löffelei" gemeinsam mit Ninja Bender und Franziska Fleisch ist nun ihr erstes Kinderbuch "Die Geschichte von der kleinen Löffelei" entstanden.

## NINJA BENDER

ist Architektin und lebt mit ihrem Mann, ihren zwei Töchtern und ihren zwei Bonussöhnen am Rande Düsseldorfs. Dort befindet sich auch das Feld, auf dem sie gemeinsam Gemüse für die täglich frische Familienküche anbauen. Nachdem sie für ihr erstes Buch "Die kleine Löffelei" alle Rezepte erdacht und gekocht hatte, wollte sie nun schon den Kleinsten zeigen, wie Lebensmittel wachsen und dass es Freude bereitet, diese und deren Geschmack zu entdecken.

Das könnte dir auch gefallen:

# D I E   K L E I N E   L Ö F F E L E I

### Beikosteinführung in vier einfachen Schritten

Die kleine Löffelei ist das Buch mit einem genauen Beikostplan, der dir dabei hilft, die Milchmahlzeiten deines Babys nach und nach durch Breimahlzeiten zu ersetzen, dein Baby mit allen wichtigen Nährstoffen zu versorgen und es an viele unterschiedliche Geschmäcker zu gewöhnen. Kurz, knapp und übersichtlich enthält dieses Buch alle wichtigen Informationen und dazu jeweils ein Winter- und ein Sommerrezept pro Breimahlzeit.

**DIE KLEINE LÖFFELEI**

von Ninja Bender, Annika Kirner & Franziska Fleisch

ISBN: **978-3-96966-481-0**

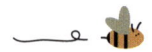